AF261571

3ᵉ CONSEIL DE GUERRE

DE VERSAILLES

AFFAIRE ROSSEL

RAPPORT — INTERROGATOIRE

AUDITION DES TÉMOINS — RÉQUISITOIRE

PLAIDOIRIE COMPLÈTE

DE

Mᵉ ALBERT JOLY

Avocat du barreau de Versailles

RECUEILLIS ET MIS EN ORDRE PAR M. PAUL BIZET

PRIX : UN FRANC

PARIS

ANDRÉ SAGNIER, ÉDITEUR

7, Carrefour de l'Odéon.

1871

3ᵉ CONSEIL DE GUERRE

DE VERSAILLES

AFFAIRE ROSSEL

RAPPORT — INTERROGATOIRE
AUDITION DES TÉMOINS — RÉQUISITOIRE

PLAIDOIRIE COMPLÈTE

DE

Mᵉ ALBERT JOLY

Avocat du barreau de Versailles

RECUEILLIS ET MIS EN ORDRE PAR M. PAUL BIZET

PARIS

ANDRÉ SAGNIER, ÉDITEUR

7, Carrefour de l'Odéon.

—

1871

AFFAIRE ROSSEL

3ᵉ CONSEIL DE GUERRE

DE LA 1ʳᵉ DIVISION MILITAIRE

Présidence de M. MERLIN, Colonel du 1ᵉʳ régiment du Génie

Audience du 8 Septembre 1871

Le Conseil siége dans la salle du Manége des Grandes-Écuries. A midi, la salle est déjà pleine; on remarque dans le public beaucoup d'officiers, et sur les bancs de la tribune de droite, le père, la mère et la sœur de l'accusé.

On introduit l'accusé. Visage sévère, pâle, l'œil vif, perçant, un peu dur, mais s'éclairant par moments, le front large, les traits réguliers; en résumé, une figure intelligente, austère, forte.

Le Conseil entre en séance à midi dix minutes. M. Barcq, greffier, donne lecture de l'ordre du jour de M. le général de Ladmirault, commandant la 1ʳᵉ division militaire, qui, vu le grade de l'accusé et conformément à la loi, fixe, pour cette affaire, la composition du Conseil de guerre comme suit :

MM. Merlin, colonel du 1ᵉʳ régiment du génie, *président.*
Fradin de Linières, lieutenant-colonel.
Bernard, chef de bataillon.
Fenoux, chef de bataillon.
Gaulet, chef d'escadron.
De Guibert, capitaine d'artillerie.
Levallois, capitaine au 9ᵉ régiment de chasseurs.

M. Gaveau, chef de bataillon, commissaire de la République, occupe le siége du ministère public.

Mᵉ Albert Joly est chargé de la défense.

M. LE PRÉSIDENT.— Accusé, levez-vous. Quels sont vos nom et prénoms ? — R. Rossel, Louis-Nathaniel.

D. Votre âge ? — R. Vingt-sept ans.

D. Votre lieu de naissance ? — R. Saint-Brieuc (Côtes-du-Nord).

D. Votre profession ? — R. Capitaine du génie.

D. Votre domicile ? — R. Au camp de Nevers.

M. LE PRÉSIDENT. — Asseyez-vous et écoutez attentivement ce qui va être lu.

M. LE GREFFIER donne lecture du rapport ainsi conçu :

RAPPORT

Le sieur Louis-Nathaniel Rossel, sorti de l'Ecole d'application de Metz en qualité de capitaine du génie, le 31 juillet 1870, était attaché à la place de Metz pendant la guerre contre la Prusse. Il s'évada sous un déguisement le jour même de l'entrée des Prussiens, et, passant par la Belgique et l'Angleterre, il se rendit à Tours auprès de M. Gambetta.

Chargé par ce dernier d'aller dans le nord de la France, avec mission de s'assurer des forces militaires et des moyens de défense dont on pouvait disposer, il fut, à son retour, dans les premiers jours de décembre, nommé colonel auxiliaire, directeur du génie au camp de Nevers. C'est dans cette position qu'il se trouvait lorsqu'a éclaté l'insurrection parisienne.

Une dépêche, publiée par les journaux, lui apprend que le gouvernement a quitté Paris et que cette ville est au pouvoir du moulvement insurrectionnel. A cette nouvelle, M. Rossel n'hésite pas. Il écrit immédiatement au ministre de la guerre à Versailles pour 'informer qu'il se décide à abandonner son poste et à se rendre à Paris pour offrir ses services à l'insurrection.

M. Rossel reconnaît parfaitement la lettre, avoue qu'en l'écrivant il appréciait complétement la gravité de l'acte qu'il commettait comme militaire ; de plus, il n'a obéi à aucune influence étrangère. Il répète à l'instruction que sachant, d'une part, le gouvernement disposé à se défendre, d'autre part, considérant l'importance du mouvement insurrectionnel qui constituait par le fait le commencement d'une guerre civile, il s'est rangé immédiatement du côté des rebelles.

A son arrivée à Paris, il se met immédiatement en relation avec les membres du comité du 17ᵉ arrondissement ; présenté par eux au Comité central de l'Hôtel-de-Ville, il reçoit le commandement de la légion du 17ᵉ arrondissement. Son zèle à établir la discipline dans la légion mécontente le comité d'arrondissement qui le fit arrêter le 2 avril.

Relâché par les soins d'un de ses officiers, il est choisi par le sieur Cluseret, délégué à la guerre, pour remplir les fonctions de chef d'état-major. Il a occupé ce poste jusqu'au 26 avril. A cette époque, il a donné sa démission, qui est acceptée, tout en continuant officieusement son service jusqu'au dernier jour du mois. Le 30 avril, M. Rossel est nommé provisoirement délégué à la guerre.

Pendant la période qui a précédé sa nomination de délégué, M. Rossel fut chargé par la Commune de présider la Cour martiale. Cette Cour, instituée par la Commune le 16 avril, avait spécialement pour mission de juger sommairement les citoyens qui refusaient de marcher contre l'armée française.

Les principales peines appliquées étaient : la mort, les travaux forcés, la détention, etc... La peine de mort était surtout fréquemment appliquée. Le président se faisait remarquer par sa rigueur inflexible et le zèle ardent qu'il a mis, du reste, jusqu'au 10 mai, avec une constance infatigable, au service de la Commune. C'est sans doute ce zèle qui le fit choisir pour remplir les fonctions dont nous le trouvons investi le 20 avril.

Les premiers ordres émanés de son commandement et signés par lui ont été publiés par le *Journal officiel* de la Commune, dans son numéro du 2 mai ; ils concernent les officiers d'état-major et la centralisation de l'artillerie de l'insurrection. Jusqu'au 9 mai, chaque jour voit paraître de nouveaux ordres et arrêtés signés par le délégué à la guerre. Dans ces fonctions, M. Rossel était aidé par une commission composée des nommés Arnold, Avrial, Delescluze,

Tridon et Varlin, chargés des détails du service, mais qui lui laissaient toute initiative.

Le 10 mai, la Commune décrète l'arrestation de M. Rossel ; il a le temps de s'échapper en compagnie du nommé Gérardin, et se cache dans Paris jusqu'au moment de son arrestation définitive opérée le 7 juin par les agents de l'autorité régulière. Déguisé en contre-maître du chemin de fer de l'Est, il possédait même une lettre adressée à un nommé Tuébois, contre-maître du chemin de fer de l'Est, par le chef du matériel de La Villette, dans le but de se créer une fausse identité. Reconnu par plusieurs témoins, il se décida à avouer son nom et ses titres.

Le capitaine Rossel, en acceptant successivement les fonctions de chef de légion, de président de la Cour martiale et de délégué à la guerre, a occupé volontairement des emplois militaires au service de l'insurrection ; il a fait acte de gouvernement comme ministre ; tous ses ordres, arrêtés en parfait accord avec la Commune, ont été exécutés.

Pendant son séjour au ministère, il a spécialement dirigé les opérations militaires contre l'armée du gouvernement régulier. Sans être membre de la Commune, il a tout fait jusqu'au 10 mai pour la rendre victorieuse, et, en acceptant les pouvoirs militaires qu'elle lui a confiés, il est devenu responsable, par le fait même, des actes commis par les chefs des bandes armées de l'insurrection.

Son arrestation du 10 mai ne lui enlève rien de sa culpabilité. Son trop de zèle et d'activité, et les soupçons des membres de la Commune, en ont été la seule cause. Enfin, comme il l'avoue lui-même, aucune influence étrangère ne lui ayant dicté sa conduite, dont il accepte toute la responsabilité, il n'a pas hésité un instant, malgré sa position de militaire et le grade qu'il avait dans l'armée, à porter les armes contre la France. En présence de ces faits, notre avis est que M. Louis-Nathaniel Rossel, capitaine du génie, soit traduit devant le conseil de guerre.

Le greffier donne également lecture de l'ordre de mise en jugement, dont voici le texte :

ORDRE DE MISE EN JUGEMENT

Le général commandant la 1re division militaire, vu la procédure instruite contre le nommé Louis-Nathaniel Rossel, capitaine du génie ;

Vu le rapport et l'avis de M. le rapporteur et les conclusions de M. le commissaire du gouvernement tendantes au renvoi devant le 3e conseil de guerre ;

Attendu qu'il existe contre le susnommé prévention suffisamment établie :

1° D'attentat ayant pour but de détruire ou de renverser le gouvernement ;

2° D'attentat ayant pour but d'exciter à la guerre civile ;

3° D'avoir pris le commandement de troupes sans droit ni motif légitime ;

4° De s'être mis à la tête de bandes armées pour résister à la force publique agissant contre les envahisseurs et les pillards de propriétés nationales ;

5° D'usurpations de titres et de fonctions ;

6° De complicité dans des arrestations illégales et séquestration de personnes ;

7° De désertion à l'ennemi, crimes prévus et punis par les articles 59, 60, 87, 88, 91, 93, 96, 258, 341 du Code pénal ordinaire, et par l'article 238 du Code de justice militaire.

Ordonne, etc.

Il est procédé à l'appel des témoins, qui sortent de la salle.

Il n'y a pas de témoins à charge.

Il est ensuite procédé à l'interrogatoire de Rossel.

INTERROGATOIRE DE ROSSEL

M. LE PRÉSIDENT. — Rossel, levez-vous. Pendant le siége de Metz, vous avez été employé dans cette place ? — R. Oui, mon colonel.

D. Où étiez-vous auparavant ? — R. A Bourges.

D. Vers la fin du blocus, à Metz, vous avez tenté une manifestation. Quel était votre but ? — R. Échapper à la capitulation.

D. Vous avez convoqué une réunion d'officiers qui n'était pas dans les règles de la discipline ? — R. J'y ai assisté, je ne l'ai pas convoquée. Elle avait été convoquée par le général Clinchant et le colonel Boissonnet. C'est par hasard que j'en avais eu connaissance.

D. Comment avez-vous quitté Metz ? — R. Le 29 octobre, au matin, je me suis déguisé et je suis parti avec des paysans qui rentraient dans leur village. De là, je me suis dirigé à pied vers la Belgique ; puis je suis rentré en France en passant par l'Angleterre, où j'ai vu ma mère qui avait quitté Paris pendant le siége. Arrivé à Tours, je me suis présenté à la Place, conformément aux règlements. J'y rencontrai M. Cendre, mon camarade à l'École polytechnique, alors attaché au ministère de la Guerre, et qui m'introduisit auprès du ministre, M. Gambetta.

D. Il était donc prévenu de votre arrivée? — R. Oui, mon colonel. Il avait entendu parler de moi par des officiers arrivés de Metz avant moi. Je lui rendis compte des tentatives que j'avais faites à Metz pour empêcher la capitulation. Il me confia alors une mission d'études militaires dans la région du Nord. Avant de partir, je me présentai chez M. le général Véronique, qui représentait le comité du génie.

D. Qu'est-ce que c'étaient que ces études? — R. Ma lettre de service portait l'ordre d'étudier les forces militaires existant dans la région du Nord. A mon retour, je fus nommé chef du génie du camp de Nevers, avec le grade de colonel, à titre auxiliaire. Je partis pour le camp au même moment où le ministère partait de Tours pour Bordeaux, n'ayant même pas achevé de rendre compte de ma première mission. Je suis resté au camp de Nevers jusqu'au 19 mars.

D. Vous avez exécuté des travaux au camp de Nevers? — R. Oui, mon colonel. Des baraquements.

' D. Vous reconnaissez la lettre écrite par vous au ministre le 19 mars? — R. Oui, mon colonel.

Le Président donne lecture de cette lettre :

Camp de Nevers, le 19 mars 1871.

Monsieur le Général, Ministre de la Guerre, à Versailles.

Mon Général,

J'ai l'honneur de vous informer que je me rends à Paris pour me mettre à la disposition des forces gouvernementales qui peuvent y être constituées. Instruit par une dépêche de Versailles, rendue publique aujourd'hui, qu'il y a deux partis en lutte dans le pays, *je me range sans hésitation du côté de celui qui n'a pas signé la paix et qui ne compte pas dans ses rangs de généraux coupables de capitulations.*

En prenant une aussi grave et aussi douloureuse résolution, j'ai le regret de laisser en suspens le service du génie du camp de Nevers, que m'avait confié le Gouvernement du 4 septembre. Je remets ce service, qui ne consiste plus qu'en arrêtés d'articles de dépenses et remise de comptabilité, à M. F., lieutenant du génie auxiliaire, homme intègre et expérimenté, qui est resté sous mes ordres par ordre de M. le général Vergne, en vertu de votre dépêche en date du 5 du mois courant.

Je vous informe sommairement, par lettre adressée au bureau du matériel, de l'état dans lequel je laisse le service.

J'ai l'honneur d'être,

Mon Général,

Votre très obéissant et dévoué serviteur.

L. ROSSEL.

D. Expliquez-nous le sentiment qui a pu vous porter à écrire une lettre pareille ? — R. (Après un moment d'hésitation.) Je considérais la paix qui venait d'être conclue comme ruineuse, comme pernicieuse pour la France. Je pensais que ce mouvement aboutirait tôt ou tard à être dirigé contre les Prussiens.

D. Ainsi, une insurrection se produit contre le gouvernement régulier, et vous, militaire, vous n'hésitez pas, vous allez droit à l'insurrection ? Il ne s'agissait pas là de la Prusse : c'était une insurrection contre le gouvernement de la France. — R. Cette insurrection avait été précédée de faits tout à fait hostiles aux Prussiens, tels que l'enlèvement des canons qui se trouvaient dans les arrondissements où l'étranger devait pénétrer. Ce mouvement pouvait être une occasion de rupture et amener une nouvelle lutte avec l'étranger.

D. Cette pensée peut être très naturelle chez un civil, mais non pas chez un militaire intelligent. Vous pensez bien que ce n'était pas la garde nationale de Paris qui allait chasser les Prussiens. — R. La guerre une fois engagée, je suis convaincu qu'elle aurait fini heureusement ; l'armée aurait suivi.

D. Chacun est libre de ses opinions. Vous devez savoir cependant que la première démarche de la Commune a été de faire savoir qu'elle acceptait la paix déjà conclue? — R. Je n'ai su cela que depuis mon arrestation. Il est certain que la garde nationale seule n'aurait pas chassé l'étranger, mais l'insurrection devenue maîtresse de la France, la guerre aurait nécessairement recommencé.

D. Et pour cela vous avez commencé par combattre vos camarades de la veille. Connaissiez-vous quelques-uns des hommes qui s'étaient mis à la tête du mouvement insurrectionnel? — R. Aucun. J'avais vu Lullier une seule fois, et nous n'avions pas parlé politique.

D. Ainsi, le mobile de votre conduite n'était pas l'ambition? — R. Mon seul but était d'arriver à chasser l'étranger de France.

D. Vraiment ce n'est pas là une explication intelligente. Il valait mieux relever l'armée d'abord et ensuite chasser les Prussiens. — R. Ce n'est pas en licenciant nos troupes et en donnant des milliards à l'ennemi qu'on devait y arriver.

D. Eh bien, souvenez-vous d'une chose, c'est que quel que soit le succès final d'une trahison, il n'en reste pas moins pour le traître une tache qui ne s'efface jamais. — R. Je ne trahissais pas; je ne pensais qu'à servir mon pays. Il y a dans l'histoire plus d'un exemple d'événements semblables. Après la paix de 1814, il s'est produit aussi une insurrection, et contre un gouvernement bien plus solidement constitué, plus ancien que celui que j'ai combattu. Ney, Labédoyère en ont été les victimes, mais ils n'ont pas été traîtres à la France. Aucune tache n'est restée imprimée au nom des vaincus de Waterloo.

D. Parfaitement, mais toute l'armée y avait pris part et elle ne passait pas à un parti insurrectionnel. — R. C'était une insurrection. Le drapeau du gouvernement français était le drapeau blanc.

D. Les interprétations politiques peuvent varier à l'infini. Vous vous êtes occupé autrefois de questions spéciales, j'en ai entendu parler. Mais voici une note qui dit que vous êtes un officier intelligent, faisant bien son service, mais ne s'occupant que de ce qui peut le mettre en relief. — R. C'est une appréciation très ingrate de ma manière de servir. Je ne considérais que l'intérêt du service et le bien de mes subordonnés. J'espère établir cela par le témoignage verbal de mes chefs, mieux que par une note qui n'a pris de caractère officiel qu'en passant dans les cartons du ministère.

D. Nous entendrons les témoins. En arrivant à Paris, vous avez été reçu à bras ouverts par le Comité central, en votre qualité d'officier de l'armée? — R. Tant s'en faut. Il me fut impossible de voir personne du Comité central. Ce n'est que deux jours après

mon arrivée que je fus présenté par des amis au comité de la fédération du 17ᵉ arrondissement, qui demanda au Comité central ma
nomination comme chef de légion.

D. Jusqu'à qu'elle époque avez-vous rempli ces fonctions ? —
R. Jusqu'au 2 avril, jour où je fus arrêté par ordre de ce même
comité d'arrondissement.

D. Vous avez été arrêté pour avoir cherché à rétablir la discipline dans la légion. Vous aviez donc affaire à des troupes bien
indisciplinées ? — R. Aussi indisciplinées que possible. C'était surtout l'ivrognerie qui les désorganisait.

D. Votre arrestation n'a pas duré? — R. J'ai été relâché le même
jour, et j'appris en sortant que j'étais nommé chef d'état-major de
Cluseret.

D. De quels services étiez-vous chargé ? — R. Je recevais les
rapports et je centralisais les services. Je m'appliquais surtout
à l'organisation des légions, mais à partir du 13 avril je n'ai plus
pu m'en occuper directement, ayant été chargé de nouveaux services.

D. Vous êtes resté dans cette position jusqu'au 26 avril. Pourquoi avez-vous donné votre démission? — R. Je n'avais plus des
relations assez directes avec Cluseret pour pouvoir rester son chef
d'état-major. Il s'occupait directement de certains services, d'où
résultaient des ordres contradictoires. Enfin, il ne me convenait
plus de servir sous Cluseret. Cependant je continuai à aller à l'état-
major pour expédier les affaires en attendant qu'il ait été pourvu à
mon remplacement.

D. Cluseret comprenait-il un peu son rôle? — R. Il avait des
connaissances militaires.

D. Vous vous êtes occupé de l'organisation des barricades ? —
R. La Commune avait nommé par décret une commission des barricades dont le général Cluseret était président. Mais au moment
même où cette commission allait tenir sa première séance, Cluseret
me donna l'ordre d'aller le remplacer.

D. Ce service des barricades était assez mal organisé ? — R. Il
était tel qu'on pouvait l'organiser à ce moment. Il était destiné sur-
out à donner de la confiance aux défenseurs des remparts. L'opi-

nion de Gaillard père, consignée au procès-verbal imprimé, indique nettement ce but.

D. Ainsi vous faisiez des barricades pour ne pas les défendre ? — R. Nous en faisions comme on fait toujours des retranchements intérieurs dans une ville attaquée. Tous les règlements militaires le prescrivent, afin que les défenseurs des remparts sachent qu'ils ont un refuge derrière eux.

D. Le 30 avril, vous avez été nommé délégué à la guerre. Vous avez à ce moment réuni tous les pouvoirs militaires et agi de concert avec le Comité de salut public. Vous avez donné toute l'impulsion possible à l'insurrection pour combattre les troupes de Versailles. — R. Je ne puis dire que j'aie réuni tous les pouvoirs militaires ni que j'aie été d'accord avec le Comité de salut public. Ce fut la Commission exécutive qui me nomma. Le 29 avril, elle était encore le pouvoir exécutif de la Commune; ayant décidé l'arrestation et le remplacement de Cluseret, elle me fit appeler et me questionna, mais ne m'informa pas de sa décision. Le lendemain, pendant que Cluseret était allé à Issy pour faire réoccuper le fort abandonné, sa destitution s'accomplissait et j'étais nommé provisoirement à sa place. Le lendemain, la Commission exécutive qui m'avait nommé et m'avait promis son concours était à son tour renversée et remplacée par le Comité de salut public. Puis, ce Comité m'enleva la direction des opérations militaires pour la donner à Dombrowski ; il me rendit ensuite cette direction, mais confia l'administration militaire au Comité central de la fédération. Ainsi, pendant les huit jours que j'occupai les fonctions de délégué à la guerre, il y eut dans mon service au moins quatre bouleversements.

D. J'en reviens à ce qu'il y a de triste dans cette situation. Vous étiez à la tête d'une armée insurrectionnelle composée de misérables de tous les pays. Je vois les noms de Dombrowski, Wroblewski, Wetzel se succéder dans vos ordres. Cela ne vous faisait donc rien de commander à tous ces étrangers qui faisaient la guerre à l'armée française ? — R. Sans doute, cela m'était pénible. Je dois pourtant dire que le nom de Dombrowski ne me rappelait que le nom d'un général de division français du premier empire. Wetzel était Français, ou du moins il était de Sarreguemines. Quant aux autres, il fallait des spécialistes ; nous avons dû accepter des étrangers à défaut de Français.

D. Voici cependant une lettre qui aurait dû vous faire réfléchir. Elle est d'un étranger qui refuse de prendre part à une guerre civile en France, et ce qu'il n'a pas voulu faire par reconnaissance pour la France, un officier français l'a fait. — R. Il est du devoir d'un citoyen de prendre parti dans une guerre civile ; j'ai pris parti pour la garde nationale pour n'avoir pas à la combattre.

D. Cette explication peut être admise dans la bouche d'un citoyen ordinaire, mais non pas pour un militaire. Vous n'avez pas d'autres raisons pour expliquer ce qui vous a fait entrer dans l'insurrection ? Vous réfutez l'ambition comme mobile de votre action ? — R. Je n'ai eu d'autre but que de servir mon pays.

D. Jusqu'à quelle époque avez-vous été délégué à la guerre ? — R. Jusqu'au 9 mai, au matin. Le fort d'Issy venait d'être évacué ; une nouvelle garnison que j'y avais envoyée s'était également débandée. Les ordres que je donnais n'étaient pas exécutés. C'est alors que je donnai ma démission à la Commune. Elle décida le même jour mon arrestation et en chargea la Commission de la guerre, qui n'exécuta pas le mandat d'arrêt. Cependant le lendemain, deux membres de cette Commission me prièrent de les accompagner à l'Hôtel-de-Ville, où j'attendis jusqu'à cinq heures du soir. Comme la Commune discutait toujours sur mon compte sans rien décider et que j'étais depuis vingt heures à sa disposition, je quittai l'Hôtel-de-Ville et je me cachai.

D. Qui faisait les rapports militaires qui étaient publiés ? Était-ce le ministère de la guerre ? — R. Ces rapports ne venaient pas du ministère de la guerre. L'*Officiel* était dirigé par un délégué spécial, membre de la Commune.

D. Ils étaient généralement faux ? — R. Presque toujours. Ceux que nous avons publiés étaient signés et étaient véridiques.

D. Vous avez présidé une Cour martiale ? — R. Oui, mon colonel.

D. Avez-vous fait exécuter ses arrêts ? — R. Non, mon colonel.

D. Où vous êtes-vous caché le 10 mai ? — R. Dans une maison du boulevard Saint-Germain.

D. Vous sortiez cependant? — R. Je ne suis pas sorti de la maison jusqu'à mon arrestation, le 7 juin.

D. Vous reconnaissez une lettre adressée au général La Cécilia, où vous lui donnez des instructions pour la défense d'Issy. — R. Cette lettre est bien de moi.

D. Ces instructions sont dirigées contre l'armée. — R. Comme tout ce que j'ai fait quand je servais l'insurrection.

D. Vous avez provoqué l'adoption de mesures rigoureuses contre les gardes nationaux qui refusaient de combattre l'armée. Dans une de ces pièces, il est positivement dit que ceux qui quitteront leur poste seront fusillés. Il est assez extraordinaire de punir pour désertion des hommes qu'on fait marcher au feu par force. — R. Ceux qui allaient au feu n'y allaient pas par force. Il y avait tant de moyens pour se soustraire, que ceux qui sortaient du rempart avec leur bataillon n'étaient que des hommes de bonne volonté. D'ailleurs, ils touchaient la solde de la Commune ; une fois réunis, ils touchaient les vivres de la Commune ; ils étaient pour cela au service de la Commune.

M. le Commissaire du Gouvernement.— Si vous le permettez, monsieur le président, je ferai observer que le commandant Giraud ne se trouvait pas du tout dans la situation dont parle l'accusé, et qu'il a été traduit devant la Cour martiale pour avoir réfusé de marcher.

L'Accusé. — Le commandant Giraud était un chef insurrectionnel élu par les insurgés.

M. le Président. — Elu par la garde nationale, vous voulez dire. — R. Par la garde nationale insurgée ; il avait été élu depuis le 18 mars.

D. Il pouvait avoir été élu pour maintenir l'ordre. — R. Le commandant Giraud était un homme de l'insurrection, élu à cause de ses antécédents tout insurrectionnels.

D. Il pouvait cependant s'être repenti au moment de marcher contre l'armée française. Par quel motif expliquait-il son refus ? — R. Par la fatigue de ses hommes qui avaient déjà été déplacés deux fois. Dans sa défense comme dans les démarches de son avocat pour obtenir sa grâce, il n'a fait valoir que ses énergiques convictions révolutionnaires.

D. M. le Commissaire du Gouvernement n'a aucune question spéciale à poser ?

M. LE COMMISSAIRE DU GOUVERNEMENT. — Non, monsieur le Président.

L'ACCUSÉ. — On signale dans l'acte d'accusation une pièce par laquelle j'aurais donné des ordres de sévir contre les prisonniers. Je désirerais que cette pièce me fût présentée, je n'ai jamais donné d'ordre semblable.

M. LE PRÉSIDENT. — Je ne remarque aucune pièce de cette nature. — R. Je n'ai jamais donné d'ordres contre les prisonniers ; je les ai toujours traités humainement et les ai mis en liberté toutes les fois que cela a été possible.

M. LE PRÉSIDENT. — Il n'y a pas de témoins à charge. Nous allons entendre les témoins cités à la requête de la défense.

AUDITION DES TÉMOINS

M. LE FRANÇOIS (Louis-Alfred), 62 ans, intendant général inspecteur.

D. Avez-vous connaissance des motifs qui auraient pu pousser Rossel à prendre part à l'insurrection ? — R. J'ai vu Rossel pour la dernière fois au mois de juillet 1870 ; je ne sais rien des motifs qui l'ont poussé dans l'insurrection.

D. (*Au défenseur.*) Sur quoi désirez-vous que j'interroge les témoins ? — R. Les faits mentionnés par l'accusation sont tous avoués par nous, et nous n'aurons aucune discussion de fait à soutenir. Ce que nous recherchons, c'est de savoir si les mobiles que l'accusé donne de sa conduite peuvent être acceptés. Les témoignages que va entendre le Conseil ont trait pour la plupart à la moralité et aux antécédents de Rossel. Je désirerais que M. Le François fût interrogé sur le caractère et les opinions politiques de mon client.

LE TÉMOIN. — J'ai connu Rossel à l'école de Metz que je commandais ; il s'y faisait remarquer par une conduite régulière, une vie exemplaire et une application infatigable. Je le considérais comme un officier du plus brillant avenir. Après mon départ de Metz, j'ai continué de très cordiales relations avec lui. Chaque fois qu'il venait à Paris, il me rendait visite et venait dîner avec moi, et rien n'a jamais modifié l'excellente opinion que j'avais conçue de lui.

Me ALBERT JOLY.—Est-il à la connaissance du témoin que Rossel se soit jamais occupé de politique ?

LE TÉMOIN. — Quand je commandais l'École de Metz, aucun élève ne s'occupait de politique, Rossel pas plus que les autres. Du reste, je puis dire que je le connaissais plus complétement que beaucoup d'autres élèves, car il passait souvent la soirée chez moi. Je l'ai toujours considéré comme un jeune homme rempli de moralité, religieux et esclave de ses devoirs.

M. LE PRÉSIDENT. — Enfin, il ne s'occupait pas de politique?

LE TÉMOIN. — Du tout.

M. LE PRÉSIDENT (*désignant l'accusé*). — C'est bien de Rossel que vous voulez parler?

LE TÉMOIN. — Parfaitement.

M. PETIT (Adolphe-Jean), colonel du génie. — J'ai connu Rossel à l'Ecole d'application. C'était un homme intelligent, un excellent élève. Il fut classé le 2e ou le 3e aux examens de sortie. Je l'ai un peu perdu de vue naturellement quand il a quitté l'Ecole en 1866 ; cependant, étant au régiment, il venait souvent à la bibliothèque de l'Ecole d'application, où je le voyais souvent. Sa conduite était toujours parfaitement régulière, et il réunissait toutes les qualités voulues pour faire un excellent officier. A l'Ecole et au régiment on fondait sur lui les plus grandes espérances.

D. S'occupait-il de politique ? — R. Pas à ma connaissance : je crois, du reste, que généralement il s'occupait plus de ses travaux que d'autre chose. Les études qui l'amenaient à la bibliotèque de l'Ecole d'application ne pouvaient pas être des études politiques.

D. N'a-t-il pas servi sous vos ordres pendant le blocus de Metz ? — R. Il n'était pas directement sous mes ordres.

Me ALBERT JOLY. — M. le colonel Petit n'a-t-il pas fait une remarque sur la façon dont Rossel a fait son service pendant le siége de Metz ? — R. Son chef direct lui reprochait de s'occuper un peu trop de ce qui se passait à l'extérieur. Lors des différents combats, il courait sur le champ de bataille pour se rendre compte des opérations avant même que l'affaire fût finie ; c'était un désir de s'instruire très naturel chez un jeune officier. Il était chargé d'un service de fortifications très important pour la défense, et qui était toujours très bien entretenu.

Mᵉ ALBERT JOLY. — Le témoin croit-il que Rossel soit capable d'avoir été poussé par une exaltation exceptionnelle ?

LE TÉMOIN. — Je n'ai jamais remarqué d'exaltation en lui ; je ne le connaissais pas assez pour cela ; il était certainement un ardent patriote.

M. TÉZÉNAS (Hippolyte), lieutenant-colonel du génie.

D. Dans quelles circonstances avez-vous connu Rossel ? — R. Il était sous mes ordres à Bourges jusqu'au moment de la déclaration de guerre.

D. Quelle était sa façon de servir ? — R. C'était un bon officier, zélé, actif, ne donnant lieu à aucun reproche. Il ne s'est jamais occupé de politique. Au moment de la déclaration de guerre, il avait adressé une demande au ministre pour faire partie de l'armée active, et parut très affecté de n'avoir pas reçu de réponse, surtout lorsqu'un de ses camarades, qui était à Bourges avec lui et qui n'avait rien demandé, avait été choisi pour partir. Il me remit alors sa démission en déclarant qu'il s'engageait comme soldat pour faire la campagne ; cette démarche me paraissait déplacée dans la situation où nous nous trouvions, et j'hésitais à y donner suite, mais il me déclara qu'il ferait parvenir sa démission au ministre d'une façon ou d'une autre. En voyant son exaltation, je fis directement des démarches à son sujet et j'obtins qu'il serait envoyé à Metz.

Mᶜ ALBERT JOLY. — Le témoin ne pense-t-il pas que Rossel agissait ainsi par patriotisme ?

M. LE PRÉSIDENT. — Il y a bien aussi là l'espérance d'un avancement rapide ?

LE TÉMOIN. — Je n'ai vu là que du patriotisme.

M. ZÉDÉ (Charles-Jules), 37 ans, chef de bataillon au 46ᵉ de ligne. — J'ai connu Rossel à Bourges, à Metz et depuis à Lille ou à Tours.

2

D. Vous êtes-vous évadés ensemble de Metz ? — R. Nous sommes partis le même jour, mais par des chemins différents.

D. Quelle est votre opinion sur lui ? — C'était un excellent officier et un travailleur. Nous l'aimions tous beaucoup. Il ne s'occupait pas de politique.

D. Quel sentiment avez-vous éprouvé en apprenant sa détermination ? — R. J'ai éprouvé un profond chagrin de voir un camarade se séparer de nous ; mais, en somme, je considère Rossel comme un homme très intelligent et j'ai pensé qu'il avait ses raisons.

M⁰ ALBERT JOLY. — Rossel n'a-t-il pas beaucoup souffert de la capitulation de Metz ?

M. LE PRÉSIDENT. — M⁰ Joly, tous les officiers qui étaient à Metz ont beaucoup souffert. Je ne puis admettre que Rossel ait souffert plus que les autres.

M⁰ ALBERT JOLY. — Je ne dis pas que Rossel ait souffert plus que les autres, mais il croyait encore le triomphe possible, et en raison de son tempérament, l'exaltation résultant de la capitulation a dû être plus grande chez lui.

LE TÉMOIN. — Rossel était déterminé avant la guerre à donner sa démission et à partir pour l'Amérique pour s'occuper de chemins de fer. Je l'avais mis en relations avec M. de Beaussacq, mon parent, avec lequel il devait partir. La guerre éclata, et il n'en fut plus question. Mais depuis la paix j'ai revu M. de Beaussacq, et il m'a assuré que Rossel devait partir avec lui, qu'il avait une position faite en Amérique.

M. LE PRÉSIDENT. — Avant la guerre ?

ROSSEL. — J'avais eu cette idée avant la guerre, mais j'y étais revenu après l'armistice, et mon départ n'a été différé que par les comptes que j'avais à rendre des travaux que j'avais fait exécuter au camp de Nevers.

PADOVANI (Henri), capitaine du génie.

D. Vous connaissez Rossel ? — R. Je le connais depuis une dizaine d'années. Je l'ai connu à l'Ecole polytechnique, à l'Ecole d'application et je l'ai vu pendant le blocus de Metz, nous avions un service analogue, et nous étions très fréquemment ensemble.

D. S'occupait-il de politique ? — R. Je ne m'en suis jamais

aperçu. Il était très affecté des malheurs qui fondaient sur la France.

D. Rossel vous avait-il parlé de ses projets d'évasion ? — R. Oui, mon colonel.

D. Vous êtes-vous jamais aperçu qu'il eût des idées exaltées ? — R. Il était convaincu qu'on pouvait continuer la guerre même après la capitulation de Paris. Je l'ai revu à Nevers et nous avons même eu des discussions à ce sujet. Au mois de février il m'écrivit pour m'annoncer son intention de passer en Amérique et me demander si je ne voulais pas quitter l'armée et faire comme lui.

CLINCHANT (Justin), 50 ans, général de division, à Paris. — J'ai connu Rossel à Metz dans le courant du mois de septembre. Il s'est présenté à moi comme le fils de M. Rossel que j'avais connu dans l'armée. Il est fréquemment venu me voir, et à chaque fois il a été question de la situation douloureuse de l'armée. Il me demanda à accompagner comme volontaire la compagnie franche de ma brigade ; il l'accompagna effectivement plusieurs fois. Il voulait étudier la manière dont les Prussiens se gardaient. Il se déguisa un jour en paysan et essaya de traverser les lignes prussiennes, mais il fut arrêté aux avant-postes et obligé de revenir le lendemain. Il s'était fait passer pour un paysan que la faim chassait de Metz, et les Prussiens l'avaient renvoyé.

D. Dans les derniers jours n'a-t-il pas été à la tête d'un projet de sortie ? — R. Nullement. Il y avait eu une réunion de colonels, où on avait agité la question de réunir 40,000 hommes pour faire une sortie. On vint me proposer de prendre le commandement. Rossel n'y était pour rien. On s'aperçut bientôt qu'il serait impossible de réunir 40,000 hommes, et je déclarai que je prendrais le commandement même si on n'en réunissait que 20,000. Rossel ne s'est occupé de cela qu'après que tout avait été décidé.

D. Quel est votre sentiment sur Rossel ? — R. Il m'a paru très patriote, très entier, très résolu.

D. Oui, entier.

Mᵉ ALBERT JOLY. — Le témoin sait-il pourquoi Rossel avait tenté de forcer le blocus de Metz ?— R. Rossel était parti pour informer le Gouvernement de la défense nationale de ce qui se passait à Metz.

Il devait revenir ensuite avec des ordres, si cela avait été possible.

M. BRISSON (Eugène), 39 ans, ex-administrateur du camp de
Nevers, actuellement banquier à Bourges. — J'ai connu Rossel à
Bourges, où il était capitaine du génie, mais j'avais alors peu de relations avec lui. Au contraire, je l'ai vu fréquemment au camp de
Nevers. Je n'ai pas eu de relations avec lui depuis le 18 mars, car il
était parti de Nevers brusquement et sans prévenir personne, mais
je me suis joint au général Vergne pour demander au ministre de la
guerre l'autorisation d'aller le chercher à Paris. La dépêche resta
sans-réponse, et c'est malheureux, car je ne doute pas que Rossel
n'ait écouté la voix de l'amitié. C'était un homme très actif, très
intelligent, et qui avait surtout un talent merveilleux pour organiser.
Il avait formé en quelques semaines des compagnies du génie qui
servaient de modèle au camp et dans l'armée du général Du Tem-
ple, qui pourrait en déposer. Je crois qu'on a rarement vu un
officier aussi zélé et en même temps aussi modeste.

D. Quelle a été votre pensée quand vous avez vu qu'il prenait
part à l'insurrection ? — R. J'ai pensé qu'il allait s'occuper d'organiser la lutte contre l'ennemi. Rossel était très soucieux de la gloire
nationale ; il aura cru que les Parisiens marchaient à une revanche
contre les Prussiens. Vingt fois, dans la conversation, il nous avait
dit que Paris ne se défendrait pas, mais se rendrait comme Metz, et
qu'il n'en faudrait pas moins continuer la guerre. Qu'il y avait
encore assez de patriotes en France pour poursuivre la lutte quand
même la paix serait conclue. Je dois faire remarquer aussi que
M. Rossel n'était plus à Nevers dans la position d'un officier attaché
à un état-major ou à une troupe. Un décret du 7 mars avait licencié
tout le personnel des camps, et M. Rossel n'était resté que pour
m'aider à liquider la comptabilité.

D. Quant aux idées de résistance à outrance de Rossel, un officier intelligent comme lui devait bien penser que si on peut résister
indéfiniment dans un pays de montagne comme l'Espagne, il n'en
est pas de même dans les plaines de la France. — ROSSEL. Il n'y
a plus de plaines en France au sud de la Loire. Les conditions
géographiques changent complétement, comme l'indique le change-

ment de langage. Dans les pays de langue d'oc des troupes désorganisées auraient certainement détruit les armées prussiennes, qui étaient organisées pour les pays de plaines.

D. Je suis complétement de votre avis, mais pendant ce temps-là les trois quarts de la France étaient occupés et ruinés par l'occupation. — R. La guerre valait mieux. Les sacrifices consentis pour obtenir la paix ont fait plus de mal à la France que la continuation de la guerre ne lui en eût fait subir.

M. VERGNE (Jean-Baptiste), 48 ans, capitaine de frégate en retraite, ancien commandant supérieur du camp de Nevers. — Rossel a été sous mes ordres au camp de Nevers. J'avais eu sur lui des renseignements excellents ; on le considérait comme un homme d'une grande capacité. Je lui ai proposé de venir avec moi au camp où il a été nommé colonel au titre auxiliaire. Il avait organisé admirablement et très promptement ses compagnies ; il avait une main de fer. Il n'était occupé absolument que d'une chose, continuer la lutte contre les Prussiens et réparer nos désastres. La capitulation de Paris avait produit chez lui une exaltation tout à fait anormale ; il avait des nuits d'insomnie, et le jour il n'en continuait pas moins son service. Il est résulté de ces fatigues une surexcitation qui a dû encore s'accroître à mesure qu'il apprenait nos désastres successifs.

Mᵉ ALBERT JOLY. — Même après l'armistice et la signature des préliminaires de paix, Rossel ne persévérait-il pas dans son idée de lutte à outrance ? — R. En effet, il me disait un jour : soyez tranquille, il y a encore beaucoup de patriotes en France ; la guerre continuera. J'ai la conviction qu'il ne s'est rendu à Paris que dans l'intention de continuer la lutte et sans arrière-pensée politique.

Mᵉ ALBERT JOLY. — Le témoin croit-il que Rossel fût un ambitieux dans le mauvais sens du mot ?

M. LE PRÉSIDENT. — Qu'entendez-vous par là ?

Mᵉ ALBERT JOLY. — C'est-à-dire capable de tout sacrifier à son ambition.

LE TÉMOIN. — Il était ambitieux de défendre son pays ; il ne pensait qu'à cela. Je suis convaincu qu'il aurait donné sa vie pour défendre la France. Jamais il ne s'était occupé de politique.

M. Girerd (Cyprien), représentant du peuple à l'Assemblée nationale. — J'étais préfet de la Nièvre et j'ai vu fréquemment Rossel à toute heure de jour et de nuit à l'occasion de son service. Je me suis souvent aussi entretenu avec lui en dehors du service. Il m'a semblé très pénétré des faits qui s'étaient passés sous ses yeux à Metz ; il était convaincu qu'on n'avait pas fait absolument ce qu'on pouvait faire. Il regardait même la capitulation comme le résultat d'une trahison péméditée de longue main ; vous comprenez son irritation. Il était décidé à tout sacrifier pour sauver son pays. C'est à mon avis un homme d'une haute intelligence.

M. le Président. — Il y a une contradiction pénible chez Rossel entre tant de propension à croire à la trahison chez les autres et tant de facilité à commettre soi-même la trahison. — R. Je n'explique pas, monsieur le Président, je constate. Quand j'ai appris qu'il était parti pour Paris j'ai été vivement ému, d'abord pour lui, et ensuite parce que, ayant une haute idée de ses talents militaires, je trouvais très dangereux pour le gouvernement légal d'avoir à combattre un tel adversaire. C'est alors que j'ai cherché les moyens de le faire revenir ; malheureusement je m'y suis pris trop tard. Je lui ai écrit un petit billet où je lui demandais une entrevue, mais je crois qu'il en l'a pas reçu, car, trois jours après, j'apprenais qu'il avait quitté ses fonctions.

D. Avez-vous remarqué qu'il eût des opinions politiques particulières ? — R. Aucunement. Nous ne nous occupions que de la défense.

M. Rampont (Germain-François-Sébastien), directeur des postes et député de l'Yonne. — Dans une conversation que j'ai eue avec M. Rossel, j'ai vu chez lui une conviction profonde que l'acceptation de la paix était une faute. C'était chez lui une opinion très arrêtée, car il y persista après une longue discussion, et je crois que la pensée qu'un mouvement pouvait amener la guerre avec la Prusse a pu le pousser à prendre part à l'insurrection.

Mᵉ Albert Joly. — Il nous manque un témoin, M. Hébrard, directeur du *Temps*, que nous avions l'intention de citer pour qu'il témoignât que dans un mémoire adressé par l'accusé à ce journal au mois d'août 1870, lorsque l'empire était déjà très menacé, se trouvait cette phrase : « Il faut soutenir l'empereur tant qu'il voudra faire la guerre. »

M. BARTHÈS, médecin. — J'habitais l'hôtel où Rossel s'est caché après le 10 mai. Il n'est pas sorti une seule fois jusqu'à son arrestation.

M. LE PRÉSIDENT.— A quoi passait-il son temps ? — R. Il lisait ; je l'ai vu souvent travailler sur une carte de France de l'état-major.

M. CHABERT (Hubert-Marius), garde principal du génie.—M. Rossel m'a demandé des plans des places fortes de France occupées par les Prussiens, pour recommencer la lutte contre eux après l'insurrection. J'ai dû les lui refuser.

M. LE PRÉSIDENT. — Rossel était-il alors délégué à la guerre ? — R. Pas encore. C'était le 28 avril.

Mᵉ ALBERT JOLY. — Le conseil comprend l'importance de ce témoignage. Pendant qu'il servait la Commune, M. Rossel se préoccupait encore de la lutte contre les Prussiens.

M. PELLERIN (Arthur-Théophile-Pierre), professeur, à Nantes.— J'étais au camp de Nevers sous les ordres de Rossel, comme officier du génie auxiliaire. Il voulait poursuivre la lutte même après la capitulation de Paris.

M. LE PRÉSIDENT.— S'occupait-il de politique ?

M. PELLERIN. — Jamais je ne lui ai entendu parler de politique et je ne connaissais pas ses opinions, quoique pendant un an j'eusse vécu dans son intimité à Bourges. C'est à ce point qu'on allait voter au plébiscite, Rossel n'ayant pas de bulletin, ce n'est pas sans hésitation que je lui présentai un bulletin *non* que j'avais dans ma poche.

L'audience est suspendue pendant dix minutes.

M. LE PRÉSIDENT.— La parole est à M. le commissaire du Gouvernement pour soutenir l'accusation.

RÉQUISITOIRE

M. LE COMMANDANT GAVEAU, commissaire du Gouvernement, s'exprime ainsi :

> Monsieur le président,
> Messieurs les juges,

J'ai à remplir une mission pénible. Je dois établir devant vous et devant l'armée entière, si intéressée dans ce procès, qu'il s'est trouvé dans nos rangs, au moment où était adressé un pressant appel au dévouement et à l'esprit de sacrifice de tous, il s'est trouvé un officier qui, violant le serment le plus sacré, a tourné contre la patrie les armes qu'il avait reçues pour la défendre. Tâche douloureuse que j'accomplirai en peu de mots, car je m'adresse à des juges qui ont mission de sauvegarder l'honneur militaire.

Le 19 mars dernier, au moment où la nouvelle de l'insurrectio parvenait à Nevers, l'accusé, capitaine du génie, adressait au mn nistre de la guerre cette lettre étrange qu'il appelle sa démission. Il partait le même jour pour Paris et se présentait, à son arrivée, au comité central, directeur du mouvement insurrectionnel. Il fut nommé successivement aux fonctions suivantes : commandant supérieur du dix-septième arrondissement, chef de légion, chef d'état-major de Cluseret, président de la commission des barricades, président de la Cour martiale, enfin délégué à la guerre et chargé de la direction des opérations militaires.

Par cette conduite criminelle, l'accusé a trahi tous ses devoirs comme homme, comme citoyen, comme soldat.

Comme homme en pactisant, lui, officier intelligent et instruit, avec des misérables qui devaient terminer leurs forfaits par l'assassinat et l'incendie; comme citoyen, en choisissant, pour commettre cette trahison, le moment où la patrie avait le plus grand besoin du concours de tous ses enfants; comme soldat, en reniant le drapeau tricolore pour prendre en main l'étendard de la révolte, souillé déjà du sang de deux généraux.

La solidarité qui relie étroitement tous les membres de l'armée fait rejaillir sur nous tous la tache indélébile qu'il a imprimée à l'honneur militaire. Cette conduite criminelle implique plusieurs chefs d'accusation. Les deux premiers sont l'attentat contre le gouvernement et l'attentat ayant pour but d'exciter à la guerre civile. Le premier consiste dans les offres de service de l'accusé au gouvernement insurrectionnel, dans les fonctions importantes qu'il a occupées, et surtout dans sa déclaration au ministre : « Instruit par une dépêche de Versailles qu'il y a deux partis en lutte dans le pays, je me range sans hésitation du côté de celui qui n'a pas signé la paix, etc. » Le deuxième résulte des pièces contenues dans son dossier, notamment dans une invitation adressée aux communes voisines de se mêler à la révolte.

En outre, l'accusé a à répondre du fait d'avoir pris, sans ordres du pouvoir légitime, le commandement d'une troupe armée; d'avoir, en exerçant les fonctions de délégué à la guerre, exercé le commandement supérieur de bandes armées pour faire résistance à la force publique.

Les divers mandats qu'il a remplis constituent d'ailleurs l'usurpation de titres de fonctions publiques définies par l'art. 258.

L'accusé a été président de la commission des barricades, et la lecture des pièces éclairera le Conseil sur la part qu'il y a prise.

Il a été président de la Cour martiale, et en cette qualité il a rendu des jugements qui achèvent de constituer le crime prévu par l'art. 341, la séquestration de personnes. A ce sujet, je rappellerai au Conseil que, créées par la loi du 29 octobre 1790, les Cours martiales ont été instituées pour juger des crimes contre l'honneur militaire, commis devant l'ennemi et par des soldats légalement liés au service du pays ; je l'ai dit déjà, l'application de cette juridiction sommaire envers des gardes nationaux qui refusaient de marcher contre le gouvernement légitime était déjà une atteinte criminelle aux droits des citoyens. Les condamnations prononcées constituent de nouveaux attentats. Vous aurez donc à appliquer à l'accusé les art. 341 et 342 du Code pénal, car la séquestration des personnes condamnées à duré plus d'un mois.

Je passe maintenant au crime qui domine tous les autres, au fait de désertion à l'ennemi, prévu par l'art. 238.

De tout temps, messieurs, le crime de trahison a été puni des peines les plus rigoureuses. Chez les Romains, le soldat qui passait à l'ennemi subissait la torture, puis il était condamné à être livré aux bêtes ou à la fourche, après avoir été dégradé. La loi du 12 mai 1793 comprend l'article suivant : « Art. 1er. Tout militaire qui passe à l'ennemi ou chez les rebelles sera puni de mort. »

La loi du 30 prairial an III (18 juin 1795) détermine les peines à infliger aux individus qui, après avoir prêté serment à la République, ont conspiré contre elle, et elle indique que le fait de passer aux rebelles est puni de la peine édictée contre ceux qui passent à l'ennemi. La loi du 1er vendémiaire an IV (23 septembre 1795) attribue d'ailleurs aux chouans la qualification de rebelles.

J'insiste sur cette appréciation du législateur, parce que j'aurais à la faire valoir contre la prétention qui pourrait s'élever relativement à la teneur de l'article 238.

La loi du 21 brumaire an V porte à son art. 1er : « Tout militaire qui passera à l'ennemi sera puni de mort. »

Ici le mot rebelles a disparu ; mais, d'après le commentateur, il est bien évident que le législateur n'a pas entendu abolir l'art. 1er de la loi dn 12 mai 1793, et un militaire qui déserterait pour passer aux rebelles, tels que furent les Vendéens sous la première Révolution et sous le Consulat, devrait être mis en jugement en vertu de cet article qui subsiste toujours et qui, loin d'avoir été abrogé, se trouve confirmé par l'art. 2 de la loi du 30 prairial an III.

L'article 238 du Code de justice militaire reproduit les mêmes dispositions.

Ce qui prouve, conformément aux commentaires de Foucher, que le législateur a entendu assimiler dans l'article 238 les rebelles à l'ennemi, c'est qu'il les a nommés dans l'art. 208, qui punit l'embauchage ; 211, qui punit l'abandon de son poste; 212, qui punit la sentinelle endormie; 213, qui punit le militaire qui abandonne son poste ; 218, qui punit le refus d'obéir; 219, qui punit la violation de la consigne. Et, si ce mot de rebelles n'est pas indiqué à l'article 238, c'est qu'il s'y trouvait déjà consacré par la jurisprudence.

L'accusé prétend que c'est en haine des capitulations signées dans la dernière guerre qu'il s'est jeté dans l'insurrection. Il dit qu'il eût prêté son concours à tout gouvernement protestant contre ces traités. Mais en supposant que ce sentiment l'ait guidé, pourquoi imputer ces capitulations au gouvernement d'alors, qui n'y avait eu aucune part, puisqu'il n'avait été institué qu'après l'armistice.

S'il y a des coupables, les premiers sont ceux qui, en présence des préparatifs ostensibles de la Prusse, refusaient les moyens de réorganiser notre état militaire, sous le prétexte que les armées permanentes avaient fait leur temps ; ce sont ceux qui poussaient à la guerre, sachant que nous n'étions pas en mesure de la soutenir ; ce sont enfin ceux qui ont jeté deux cent mille hommes dans le coin formé par la Lauter et le Rhin, tandis que six cent mille Prussiens se déployaient de l'autre côté, et les enveloppaient pour fondre ensuite sur eux en masses supérieures ; mais le gouvernement actuel n'est pour rien dans ces faits.

Quant au traité de paix, la France a dû le subir ; la guerre à outrance prêchée alors n'eût fait qu'accroître ses désastres.

Non, messieurs, ce n'est pas là seulement ce qui a poussé l'accusé à la trahison ; il a eu un autre et puissant mobile, une ambition outrée.

Capitaine à vingt-quatre ans, après cinq ans de services effectifs, en possession de ce grade depuis moins de deux ans, n'ayant d'autre campagne que celle du siége de Metz, l'accusé devait s'estimer heureux, surtout en voyant ses camarades, hommes de mérite, attendre patiemment pendant de longues années le grade de chef de bataillon. Je ne mets pas en doute son intelligence et ses capacités, mais le corps auquel il appartient, réputé à juste raison arme savante, ne manque pas d'officiers d'élite.

Il avait sans doute la prétention de conserver le grade de colonel qui lui avait été attribué en dehors de toutes les règles à la suite d'une inspection des forces militaires du Nord.

Je termine, messieurs, en vous adjurant d'appliquer rigoureusement la loi, car il s'agit ici de réprimer le plus grand crime qui puisse être commis sous l'uniforme que nous avons l'honneur de porter, et de faire un exemple éclatant qui garantisse à l'avenir l'armée de défaillances aussi coupables et aussi dangereuses.

En conséquence, je requiers contre l'accusé l'application rigoureuse des art. 87, 88, 91, 93, 96, 258, 341, 342 du Code pénal et 238 du Code de justice militaire.

PLAIDOIRIE DE Mᵉ ALBERT JOLY

Messieurs du Conseil,

Si je n'avais à répondre ici qu'aux faits matériels de l'accusation et à les discuter, ma tâche serait, hélas ! bien facile et bien courte. Je n'aurais, en effet, qu'à me reporter à l'interrogatoire de mon client et à vous dire : Nous avouons tout avec une entière franchise, une entière loyauté ; nous considérons comme indigne de nous d'échapper, par des subterfuges et des mensonges, à la terrible responsabilité qui menace notre tête. Nous déclarons hautement que nous nous sommes trompés ; nous déplorons notre conduite et nous reconnaissons que nous avons commis un crime ; nous l'avouons, parce que cela est et qu'il répugne à notre caractère de dissimuler la vérité.

Et s'il vous suffisait alors, pour prononcer votre jugement, de constater notre identité et la matérialité des faits, je n'aurais plus en ce moment qu'à m'asseoir en attendant votre décision souveraine.

Mais n'oubliez pas, messieurs, que le moment de la lutte est passé : les exécutions sommaires, qui avaient alors pour excuse les nécessités du combat, ne peuvent plus trouver place aujourd'hui, trois mois après la lutte, et vous avez été institués *magistrats* pour nous juger suivant la loi, avec toutes ses garanties. Votre mission est maintenant bien distincte de ce qu'elle était alors que vous étiez *Cour martiale,* jugeant et condamnant sommairement. Aujourd'hui, vous n'êtes plus le salut public, vous êtes la *Justice,* et vous avez le devoir de rechercher avec le plus grand soin à quels mobiles ont obéi, pour agir, les hommes qui sont traduits devant vous.

La première question qui s'impose à votre conscience n'est donc plus de savoir seulement si tels ou tels faits sont constants, mais bien d'examiner le degré exact de culpabilité de l'homme qui les a commis. Et quand vous aurez résolu ce premier point, il vous restera encore, messieurs, à examiner dans quelle limite précise la loi vous permet de frapper celui dont votre conscience aura fixé le degré de culpabilité.

Pour jeter une lumière sur la première question, il faut que nous cherchions ensemble les motifs qui ont entraîné Rossel à ces actes et qui l'ont précipité dans la fournaise insurrectionnelle. Pour cela, il nous faut connaître tout entier ce jeune homme, et ne rien ignorer de son passé si court, mais si brillant jusqu'au jour de la chute! C'est en analysant les sentiments de cette âme si fière, c'est en partageant avec elle les souffrances et les tortures qu'elle a endurées pendant cette année de confusions et de désastres que nous comprendrons comment une intelligence supérieure a pu prendre subitement une résolution coupable, mais qu'elle était entraînée à considérer comme nécessaire aux intérêts de ce qui était pour elle au-dessus de tout : la patrie, la délivrance, l'expulsion de l'envahisseur.

Rossel appartient à une famille de ces protestants des Cévennes qui ne furent rendus à la liberté religieuse et po-

litique qu'à l'époque de Louis XVI, et qui avaient puisé
dans une persécution séculaire la force de braver toutes
les rigueurs des lois, aimant mieux, disaient-ils, « obéir
à leur conscience qu'obéir aux hommes. » Les populations
qui ont ainsi subi sans fléchir les dragonnades, les galè-
res, les supplices même, ont gardé un profond souvenir
de vénération pour « leurs Pères du Désert. » C'est un
souvenir encore vivace, et que le temps n'a pu altérer,
car les vieillards de la génération actuelle ont été élevés
par des parents qui avaient assisté à ces prêches clan-
destins du Désert, et qui ont vu encore des « galériens
pour cause de religion. »

C'est dans ces traditions que ces hommes austères et rigides ont puisé des opinions, modérées le plus souvent,
mais toujours inflexibles, qui les ont constamment fait
traiter en ennemis par les partis exagérés. Sous la Terreur de 1793, pendant que le grand-père de Rossel se bat-
tait aux armées, ses grands-oncles, accusés de « modé-
rantisme, » ont peine à échapper à la hache révolutionnaire. Sous la Terreur blanche de 1815, ils sont également persécutés : sa grand'mère est emprisonnée sous la
fausse accusation d'avoir crié : « Vive l'Empereur, » et
elle est condamnée par les royalistes. Lors du coup d'Etat
de 1851, le chef de la famille, maire de Saint-Jean-du-
Gard, magistrat municipal respecté, est destitué par l'autorité nouvelle et contraint de se cacher, tandis que le
père de Rossel, officier dans l'armée, vote à registre ou-
vert contre l'acte du président.

Enfin, sans y avoir jamais songé, le représentant actuel de cette race énergique, d'une droiture inflexible, se
trouve à son tour, par un sentiment intime, juste et no-
ble, entraîné à se mettre en opposition avec le gouvernement de son pays. Jusque-là jamais il ne l'aurait voulu.

C'était un soldat fidèle, qui avait suivi conscieneieusement une carrière honorable et laborieuse ; le voilà cependant devant un Conseil de guerre comme ennemi de la chose publique, comme rebelle, comme déserteur à l'ennemi !... Il y a là, messieurs, quelques raisons profondes sur lesquelles notre conscience ne peut prononcer sans s'être longtemps consultée avec une douloureuse anxiété...

Rossel est né le 9 septembre 1844 ; il a vingt-sept ans aujourd'hui même. Admis à l'âge de onze ans au Prytanée militaire de la Flèche, il y fit toutes ses études avec le succès le plus constant. En 1862, l'année où il se présentait à l'Ecole polytechnique, il obtenait les premiers prix de sciences et de lettres, et le général Trochu, qui était alors inspecteur du Prytanée, en le couronnant le même jour pour la quatrième fois, lui adressait les plus encourageantes félicitations.

Admis cette même année à l'Ecole polytechnique, Rossel s'y maintint dans un rang honorable et en sortit à vingt ans comme sous-lieutenant du génie. A l'Ecole d'application de Metz, chacun des examens successifs améliora son rang de classement, et il sortit le deuxième de sa promotion ; il fit son stage de lieutenant du génie dans une compagnie de mineurs du 2ᵉ régiment, et fut envoyé au bout de deux ans à l'état-major du génie à Bourges, où le ministère de la guerre se proposait de construire des casernements très étendus : les projets lui en furent confiés. C'est là qu'il fut nommé capitaine au mois d'août 1869, n'ayant pas encore vingt-cinq ans ; cet avancement lui était donné « au titre du choix, » mais, suivant l'usage commun dans l'arme du génie, « à son tour d'ancienneté. »

Pendant son stage au régiment, Rossel avait trouvé le temps, quoique le service de lieutenant du génie soit beaucoup plus chargé que le service de lieutenant dans

les autres armes, de rédiger un mémoire très étendu sur
une question proposée au concours par le comité des fortifications : «la réparation des ponts de chemins de fer.»
Son travail, qui a été publié, fut apprécié dans les termes
les plus honorables par le rapporteur du comité, et récom-
pensé d'une médaille d'or.

Cette étude l'avait obligé à approfondir ses connaissances sur la stratégie des armées, sur l'administration,
sur toutes les parties les plus élevées de l'art militaire. Il
fit de cet art une étude de plus en plus complète, qu'il a
toujours continuée depuis. Fréquentant assidûment les
bibliothèques des villes où il se trouvait, ce jeune officier,
aux goûts sérieux, ne s'occupait ni des choses du jour ni
des variations politiques; il ne quittait ses études militaires que pour des études historiques ou littéraires.

La guerre de 1870 éclate. Aussitôt il fait les démarches
les plus actives pour être employé dans les armées d'opérations. Ce qui le poussait à ces démarches, ce n'était
nullement la préoccupation de son avancement à venir et
le désir d'inscrire une campagne sur ses états de service,
car il avait laissé passer plusieurs occasions faciles de
faire campagne en Algérie. Quant à son avancement
présent, les traditions respectables et très motivées de
l'arme du génie ne permettent à un capitaine d'un an
de grade aucun espoir de proposition pour l'avancement
ou même pour la décoration. Ce qui préoccupait Rossel,
c'était le désir ardent de continuer activement ses études
sur la grande guerre, en assistant à des opérations sérieuses; c'était aussi le désir de quitter des fonctions sans
responsabilité et par suite sans attrait pour lui. Ses démarches restant infructueuses, il prend une de ces réso-
lutions énergiques et désintéressées qui révèlent son caractère : lui, capitaine du génie, il abandonne son grade

et partira comme simple volontaire !... Il écrit sa démission et l'envoie au colonel directeur des fortifications, M. de Marsilly. Grâce à M. le colonel Tezenas, que vous avez entendu, messieurs, Rossel conserva ses épaulettes et fut envoyé, non pas à l'armée, mais à Metz.

Il arriva à Metz le 4 août, le jour même du combat de Wissembourg.

A partir de ce jour qui marque la violation du territoire national, Rossel ne vit plus que d'une pensée : travailler avec l'indomptable énergie dont il est doué à la délivrance de son pays. Suivons-le, nous ne trouvons plus en lui que cette idée ; c'est elle qui dicte et inspire tous les actes de ce jeune officier en proie à une exaltation patriotique, qui ne fera que s'accroître avec nos désastres.

Après Sedan, lors du blocus de Metz et de l'armée, Rossel comprit, dès le début, que les jours étaient comptés, que c'était par l'action et par l'action immédiate qu'on pourrait sauver, sinon la place, du moins l'armée, et il résolut tout de suite de mettre en œuvre toutes les ressources de son expérience, de son patriotisme, pour éviter au pays cette seconde honte, renouvelée de Sedan, « une armée de quatre-vingt mille hommes, capitulant sans avoir combattu. »

Dès le 26 septembre, il publie sur la défense de Metz et la nécessité qu'il y a d'agir sans retard, un mémoire qui fait grand bruit dans la ville et dans l'armée. Mais on ne tient aucun compte de tous ses avertissements et, quelque temps après, Rossel apprenait les menées bonapartistes du maréchal Bazaine.

Le colonel Boyer, créé général pour la circonstance, partait pour Versailles mystérieusement. Qu'allait-il faire ? C'est ce que nous apprendront les débats du Conseil de guerre devant lequel sera traduit le maréchal. Mais quand il revint, le mot de régence fut prononcé ; des bruits de toute nature furent répandus dans l'armée ; il était évident pour tous que le maréchal était alors plus préoccupé de ses négociations politiques que de la défense de la place.

Rossel comprit tout le danger de la situation, et se rendit immédiatement chez le général Clinchant. Vous avez entendu, messieurs, le témoignage de ce brave et respecté militaire ; il vous a dit les angoisses de Rossel à la seule idée que la place pouvait capituler. Rossel voulait chercher avec le général Clinchant le moyen de sauver l'honneur du drapeau et, comme le général Clinchant était lui-même impuissant, Rossel va trouver le général Changarnier et lui propose hardiment de renverser Bazaine et de prendre sans retard le commandement.

Le général répond qu'il ne veut pas se rendre coupable d'un coup d'Etat, et qu'il n'agira qu'autant qu'il sera autorisé par un ordre du gouvernement.

Rossel n'hésite pas un instant, il ira chercher cet ordre nécessaire au salut de Metz. Il revêt des habits de paysans ; à travers mille périls, il déserte une première fois son drapeau comme il désertera encore, poussé par la pensée de la délivrance nationale. Il franchit les lignes d'investissement. Malheureusement il est arrêté par les derniers postes prussiens. A force d'habileté, il échappe aux mains des ennemis, et parvient à rentrer dans Metz après avoir couru les plus grands dangers.

Il faut renoncer à aller chercher cet ordre sur lequel il comptait.

Cependant les jours s'écoulent, et Rossel, la rage dans le cœur, voit s'avancer l'instant de la capitulation.

Enfin la nouvelle de cette capitulation commence à circuler dans la ville. Elle prend de la consistance. Le général Clinchant se joint alors à des officiers supérieurs pour aviser au moyen de percer les lignes ennemies.

Rossel travaille avec une activité fébrile à relever le courage des hommes placés sous ses ordres; il supplie le général Clinchant de se mettre à la tête des 40,000 hommes, officiers et soldats, qui ne voudront pas subir la honte de la reddition ; mais, hélas ! on reconnaît l'impossibilité de donner des ordres à 40,000 hommes. « Partons avec 20,000 » dit Rossel !

Vains efforts, il faut subir l'humiliation suprême.

Rossel ne peut s'y résoudre. Pour la seconde fois, il déserte sous des habits de paysan. Plus heureux cette fois, il échappe aux Prussiens, quitte Metz, évite ainsi la captivité en Allemagne et peut rentrer en France pour reprendre du service.

Ainsi, deux fois à Metz, il a violé la discipline militaire, il a déserté deux fois, mais pourquoi ? Pour risquer librement sa vie en travaillant au salut de la patrie !... Son indiscipline est inspirée par un patriotisme immense, par sa haine implacable des ennemis de la France ! Oui, Rossel a placé le sentiment du patriotisme avant le respect de l'autorité ; il a mis au-dessus de tout les inspirations indépendantes de sa conscience de Français, mais c'était pour courir plus de périls que personne, c'etait pour aider avec plus de force à la délivrance du territoire national !... Et si les nombreux officiers qui partageaient ses douleurs ont honorablement agi en respectant jusqu'au bout le devoir militaire, qui sait pourtant ce qui serait advenu s'ils avaient pris assez tôt une résolution énergique !...

Après avoir traversé la Belgique, Rossel se rend auprès de l'homme qui représentait alors, comme il représentera dans l'histoire, la personnification vivante du patriotisme français.

Gambetta l'envoie d'abord en mission dans le Nord, puis le nomme colonel de l'armée auxiliaire avec mission d'organiser le génie au camp de Nevers.

Alors avec quelle ardeur, avec quel dévouement il se livre jour et nuit à cette organisation ! Pour lui la victoire est certaine ; oui, tôt ou tard la lutte tournera au profit de la France. Le jour où les Prussiens franchiront la Loire, la guerre de montagnes remplacera les combats livrés dans le pays plat, et à partir de ce jour les Prussiens s'useront d'eux-mêmes. La lutte à outrance pour arriver à la guerre de montagnes, voilà qu'elle était son idée fixe ; c'est à la réalisation de cette pensée qu'il devait tout sacrifier.

Vous lirez, messieurs , cette correspondance volumineuse qui m'a été adressée par M. Lecat, l'un de ses lieutenants ; vous y verrez avec quelle intensité d'attention Rossel était préoccupé des moindres détails d'organisation, avec quel soin minutieux il prépare pour la lutte prochaine qu'il devait soutenir, des hommes qui sachent combattre et mourir avec lui.

De politique, pas un mot ; et, quant à son ambition, la seule qui soit visible à chaque ligne, c'est l'ambition généreuse de sauver son pays.

Les événements se succédaient alors avec rapidité, et bientôt arrive le 28 janvier, c'est-à-dire l'armistice, c'est-à-dire la capitulation de Paris.

Rossel va-t-il être découragé ? Va-t-il renoncer à ses idées de lutte, à ses rêves de victoire ? Ecoutez ce qu'il écrivait au lieutenant Lecat, le 29 janvier :

« Le bruit commence à se confirmer d'un armistice de
« vingt et un jours et d'élections pour le 8 février. Ayez
« votre compagnie en main. Tenez vos hommes sans au-
« cune faiblesse. Sont-ils à vous ? Il ne s'agit pas de faire

« des barraques ou des fours, mais des soldats, des hom-
« mes, des citoyens.

« Si je m'adressais à vous comme officier soumis à mes
« ordres, je n'aurais pas le droit de vous demander l'im-
« possible. Mais vous êtes venu comme patriote ; je vous
« demanderai l'impossible et vous le ferez. Tâchez de
« vous y accoutumer dès aujourd'hui. »

Et cette lettre adressée à un de ses parents :

« Je ne pense pas que la guerre se termine. Il est pro-
« bable que la France aura encore bien des misères avant
« de chasser l'ennemi. Mais si le malheur nous arrivait,
« j'ai pensé à nos Cévennes pour nous réfugier. Puisque
« les dragons n'ont pas pu les soumettre, elles seront
« sans doute une barrière contre les Prussiens. Si l'inva-
« sion continuait au point de nous faire évacuer le plat
« pays, nous entrerions dans la montagne, et dès lors je
« vous écrirais..... Je vous parle de ces précautions,
« parce qu'il faut prévoir les malheurs et être prêt à dé-
« fendre le territoire jusqu'au dernier pouce. »

Enfin, toujours dans ce même mois de la capitulation
de Paris, il écrivait à un colonel de ses amis la lettre que
voici, et dont j'extrais le passage suivant :

« Si nous continuons à être malheureux, il faudra que
« les jeunes troupes se replient ; j'ai pensé depuis long-
« temps que nos Cévennes seraient un merveilleux réduit
« pour se reformer et reconquérir le pays...

« Ecrivez-moi, et dites-moi si, dans le cas où, Paris
« tombé, on voulait imposer l'armistice ou la paix, nous
« pourrions compter sur votre persévérance et nous ap-
« puyer au besoin sur vous pour empêcher quelque lâ-
« che détermination. »

A sa grande douleur, l'Assemblée ratifie les préliminaires de paix.

C'en est fait de ses rêves de patriotisme ! L'Alsace et la Lorraine sont cédées à la Prusse; des milliards lui seront payés.

Rossel ne peut en prendre son parti. En dépit du traité, il persiste à penser que la lutte à outrance n'est jamais nuisible à un peuple. Cette idée le domine, et à chacun il répète que l'erreur qu'on a commise en faisant la paix est la même qui a perdu Carthage. L'histoire a démontré que la résistance à outrance a toutes les chances pour elle. Qu'on se rappelle la défaite de Cannes; la conquête de la Hollande par Louis XIV, à la tête de quatre armées les plus puissantes de l'Europe, commandées par Turenne et Condé; l'envahissement de l'Espagne en 1808. Voilà trois situations, disait Rossel, qui étaient de beaucoup plus désespérées que la nôtre. Cependant, toutes trois ont eu une issue heureuse pour la nation envahie; et ce n'est pas là un effet du hasard, pensait-il, c'est l'effet d'une loi constante dont un des caractères les plus nets est le dépérissement fatal des armées victorieuses, contraintes de rester et de lutter encore dans le pays vaincu. La guerre active détruit peu à peu une armée, car si les recrues qu'elle reçoit maintiennent sa force numérique, ces recrues ne remplacent pas les officiers qu'elle perd. Et de plus, ne doit-on pas compter sur mille événements imprévus?...

Je n'examine pas, messieurs, si Rossel avait tort ou raison de penser ainsi; je constate seulement qu'il était possédé de l'idée de lutte à outrance, et que le moindre fait capable de lui donner l'espoir d'une revanche immédiate devait l'entraîner sans hésitation.

Le 18 mars, le jour même de l'insurrection, il écrivait à sa sœur : « Je tâche de me guérir un peu du traité de paix, mais « je n'y réussis pas. »

C'est le 19 qu'il apprend qu'une insurrection a éclaté et que cette insurrection est maîtresse de la capitale. Le gouvernement a abandonné Paris, et l'armée l'a suivi.

« Voilà, s'écrie Rossel, la rupture du traité de paix! » et, sans hésiter, il écrit au ministre de la guerre la lettre dont M. le commissaire de la République vous a donné connaissance. Dans cette lettre, comme dans tous ses actes antérieurs, c'est uniquement l'idée d'une revanche nationale qui l'inspire, qui le guide : « Il va, dit-il, se « ranger du côté de ceux qui ne comptent pas dans leurs « rangs des généraux coupables de capitulation, » et dans la nuit même il est à Paris.

Ah ! messieurs, je vous en supplie, examinez bien les motifs qui viennent de jeter ce jeune homme dans les rangs de l'insurrection. Il ne connaît aucun des membres du comité, aucun des membres de la Commune. Ses amis, vous les connaissez, vous les avez entendus. Ce sont de braves et dignes officiers qui sont venus répondre ici de la pureté des intentions de Rossel, et tous vous ont dit que le désir de briser le traité de paix avait seul dicté sa détermination. Jamais, en effet, il ne s'est occupé de politique active ; il est républicain sincère, mais il n'a pas l'habitude d'exposer ses opinions et d'en parler. La politique n'est pas sa préoccupation habituelle ; c'est uniquement la guerre, l'art militaire, et depuis nos désastres, c'est la délivrance. Ce n'est donc pas la politique qui peut expliquer sa conduite. Et si ce n'est pas la politique, que serait-ce donc, sinon le patriotisme poussé jusqu'à l'exaltation, jusqu'à la folie, si vous voulez? Tout le monde vous le déclare ici, et sa conduite antérieure, ses conversations, ses lettres, tout vous prouve jusqu'à l'évidence que son patriotisme exalté l'a entraîné malgré lui dans ce mouvement insurrectionnel.

Cette insurrection victorieuse de Paris ne semblait-elle pas, d'ailleurs, devoir être le lendemain, comme toujours, le Gouvernement de fait de la France ? Et ce gouvernement ne devait-il pas être le gouvernement de la lutte à outrance? Evidemment oui, car Paris avait envoyé à l'Assemblée nationale des députés partisans de la lutte à outrance; ces députés avaient voté contre le traité de paix, et lorsqu'il avait été adopté, ils avaient donné leur démission... La cause de l'insurrection victorieuse, n'é-tait-ce pas le mécontentement causé par la capitulation, par les conditions terribles du traité?... Rossel, disposé naturellement à regarder comme certain ce qui flattait ses désirs de patriote, n'avait-il pas des raisons sérieuses de penser que le mouvement du 18 mars avait pour prin-cipe l'idée qui l'exaltait lui-même ; la rupture du traité de paix et la revanche immédiate? M. Thiers n'a-t-il pas avoué lui-même devant la Commission d'enquête que la révolution du 18 mars avait eu en grande partie pour cause un sentiment patriotique dévoyé et dont on avait abusé.

Tel est, messieurs, le redoutable problème qui s'im-pose à vos esprits. Ou bien Rossel est fou et a agi sans aucun motif appréciable, ou bien il a agi uniquement dans l'espérance de recommencer la lutte contre l'en-vahisseur. Je défie qu'on indique, et surtout qu'on prouve l'existence d'un autre mobile à sa conduite.

Quant à moi, messieurs, et malgré les difficultés qu'on rencontre toujours lorsqu'au lieu de raisonner sur des faits, on raisonne sur des sentiments, il me semble que l'analyse à laquelle je viens de me livrer démontre jus-qu'à l'évidence que le patriotisme de Rossel est la cause unique de sa conduite.

Vous, accusation, vous n'avez pas un témoin, pas un

écrit, pas une parole qui permette de prêter à Rossel un motif d'ambition ou de passion démagogique, et moi, je vous apporte ici les témoignages des hommes les plus justement considérés, de vos collègues, messieurs ; je vous apporte des lettres, des conversations recueillies aux époques les plus diverses, et toutes sont concordantes, toutes sont unanimes pour porter dans l'esprit la même conviction. Aussi j'ai le droit de conclure en disant que le seul mobile que vous puissiez trouver à cet acte coupable, c'est l'exaltation, c'est la folie même dans le patriotisme.

Je termine sur ce point en vous rappelant la déposition de M. Chabert, garde du génie, qui est demeuré à son poste pendant l'insurrection. Il vous a dit, messieurs, que, pendant la Commune, Rossel était allé le trouver et lui avait demandé de livrer les documents relatifs aux places de France, occupées par les Prussiens. Et, comme M. Chabert, étonné, lui demandait ce qu'il en voulait faire : « C'est pour les battre, répondit-il, aussitôt que sera finie la lutte avec Versailles. »

Je ne vous parlerai pas, messieurs, du rôle de Rossel pendant la Commune. Nous avons tout avoué. Pourquoi revenir sur ces tristes souvenirs? Etant donnée l'idée qui nous a poussé dans l'insurrection, nous devions lui prêter aveuglément tout notre concours ; c'est ce que nous avons fait.

Mais ce n'est plus sur l'existence ou la non existence de faits que vous avez à vous prononcer ici ; vous avez à rechercher notre situation d'esprit au début de la guerre, pendant la guerre, après la guerre ; ce que vous avez à peser ce sont les motifs qui nous ont amené à Paris ; le reste importe peu, c'en était la conséquence forcée. Vous ne pouvez établir la culpabilité qu'en la constatant à la source de l'acte. Tout dérive de là ; et si la culpabilité est diminuée ou n'existe plus à la source, la loi la diminue ou la détruit partout. Tel est le droit, telle est la justice.

Et maintenant, Messieurs, si passant à la seconde partie de la tâche que je me suis imposée, j'examine avec vous le texte de loi qu'on invoque contre nous, et si je prouve, comme j'en ai le ferme espoir, qu'en regardant même comme certaine la culpabilité de Rossel, il y a pour vous impossibilité légale à prononcer la peine de mort; ah ! je suis convaincu que vous me remercierez d'avoir trouvé dans la loi elle-même un auxiliaire à vos sentiments intimes pour un accusé comme celui que j'ai l'honneur de défendre aujourd'hui.

Eh bien, cet argument de droit que je vous apporte n'est pas une argutie, une vaine théorie inspirée seulement par le désir de sauver la vie d'un homme que trois mois de fréquentation m'ont rendu cher; non ! c'est une preuve manifeste, éclatante que j'entends faire ici, et dès maintenant je me permets de vous dire, parce que je suis en mesure de le prouver : « Vous ne pouvez pas condamner Rossel à mort. »

Des sept chefs d'accusation qui sont visés contre nous, un seul entraîne la peine capitale, c'est celui qui prévoit *la désertion à l'ennemi*. Je ne m'attacherai donc qu'à celui-là. Je dirai seulement un mot sur la séquestration arbitraire.

M. le Commissaire de la République demande sur ce

point une aggravation; il voudrait qu'à la séquestration simple visée contre nous, M. le Président ajoutât comme résultant des débats, la circonstance aggravante de *séquestration pendant plus d'un mois*, prévue par l'art. 342 du Code pénal.

Je réponds que jamais, au moins en ce qui nous concerne, les personnes condamnées en vertu d'un jugement de la Cour martiale ne sont jamais restées plus de dix à douze jours en prison. L'accusation n'apporte d'ailleurs aucune preuve à l'appui de son allégation, et je demande à M. le Président de ne pas poser cette question, car elle ne résulte pas des débats.

J'arrive maintenant à la question de droit la plus grave qui vous soit soumise.

J'ai dit que l'art. 238 du Code de justice militaire était le seul des articles visés qui entraînât la peine de mort. Or, je déclare que cet article ne peut être appliqué à Rossel, car il prévoit la désertion « *à l'ennemi*, » et non pas la désertion « *aux rebelles armés.* »

Que dit en effet l'art. 238 du Code de justice militaire?

« Est puni de mort, avec dégradation militaire, tout militaire coupable de désertion à l'ennemi. »

Il n'est point question des rebelles; or, comme nous sommes en matière criminelle où tout est de droit étroit, il ne vous est pas possible, Messieurs, d'étendre la loi et de dire que dans son esprit le législateur a voulu assimiler les rebelles armés à l'ennemi.

Vous le pouvez d'autant moins, Messieurs, qu'il s'agit ici de la mort, et que pour prononcer cette peine suprême, irréparable, votre conscience a besoin de s'appuyer sur un texte précis qui ne permette pas une interprétation contraire, ni même douteuse.

Eh bien, je vous demande s'il est évident pour vous qu'en parlant de la désertion « à l'ennemi, » le législateur a entendu parler aussi de la désertion « aux rebelles ? »

Pour mieux vous convaincre, examinons, Messieurs, si le législateur du Code de justice militaire a eu l'occasion de s'occuper ailleurs de l'ennemi et des rebelles armés ; et, dans ce cas, voyons s'il a compris les *rebelles* sous la dénomination générale d'*ennemis*, ou s'il a fait entre eux une distinction.

Le défenseur donne lecture au conseil des art. 208, 211, 212, 213, 218 et 219 du Code de justice militaire.

L'art. 208 punit de mort « tout individu convaincu d'avoir provoqué des militaires de passer à l'*ennemi* ou aux *rebelles armés...* »

L'art. 211 punit de mort tout militaire en faction ou en vedette qui abandonne son poste « en présence de l'*ennemi* ou de *rebelles armés*. »

L'art. 212 punit de deux à cinq ans de travaux publics tout militaire en faction ou en vedette qui est trouvé endormi, « s'il était en présence de l'*ennemi* ou de *rebelles armés*. »

L'art. 213 punit de mort « tout militaire qui abandonne son poste en présence de l'*ennemi* ou de *rebelles armés*. »

L'art. 218 punit de mort, avec dégradation militaire, tout militaire qui refuse d'obéir « en présence de l'*ennemi* ou de *rebelles armés*. »

Enfin, l'art. 219 punit de la détention « tout militaire qui force ou viole la consigne en présence de l'*ennemi* ou de *rebelles armés*. »

Comment supposer, continue Mᵉ Albert Joly, que le législateur, qui a pris soin dans tous ces articles de distinguer les *rebelles* des *ennemis,* a pu les confondre dans l'art. 238.

Je défie l'accusation de sortir de ce dilemne :

Ou bien le législateur comprend les *rebelle* sous la dénomination générale d'*ennemis,* et alors comment expliquer qu'il les distingue si soigneusement dans tous les articles que je viens de vous lire.

Ou bien il ne les confond pas, et alors le mot *rebelles* n'ayant pas été ajouté au mot *ennemis,* dans l'art. 238, cet article ne nous est pas applicable.

Mais, dit le ministère public, c'est peut-être un oubli du législateur? — Comment un oubli?... — Mais j'accepte cette hypothèse : Si le législateur a commis une erreur, ce n'est pas à vous, Messieurs qu'il appartient de la rectifier; car vous êtes institués pour appliquer la loi et non pas pour la faire.

Mais ce n'est pas par un oubli, car s'il était vrai que le législateur eût omis involontairement les mots « rebelles armés » dans l'art. 238, cette omission ne se serait certes pas répétée dans l'exposé des motifs, non plus que dans le rapport de la Commission. Or, ces deux documents ne parlent, comme la loi elle-même, que de la *désertion à l'ennemi.*

Le défenseur donne lecture des commentaires de ces deux documents sur l'art. 238; il n'y est question que de désertion « à l'ennemi. »

Les travaux préparatoires du Code, dit Mᵉ Albert Joly, sont donc en concordance parfaite avec le texte de loi que j'examine en ce moment; et si vous consultiez ces mêmes travaux pour les art. 208, 211, 213, 218 et 219, vous verriez qu'il y est question, comme dans le texte même de ces articles, « d'ennemi » et de « rebelles armés. »

Le législateur n'a donc pas commis d'erreur, et c'est volontairement qu'il n'a pas mis sur le même pied la désertion « à l'ennemi » et la désertion « aux rebelles. »

J'ajoute que quelques lignes plus bas, parlant de l'embauchage, le législateur revient, dans l'art. 242, sur sa distinction « des ennemis » et « des rebelles, » et qu'il répète ces deux expressions pour bien montrer qu'avant comme après l'art. 238, il n'entend pas assimiler les rebelles aux ennemis de la France.

Enfin, un an après la confection du Code de justice militaire, apparut le Code pénal maritime. Vous y trouvez, Messieurs, la même distinction. Les mots « rebelles armés » sont placés à la suite du mot « ennemi, » pour tous les crimes et délits qui correspondent aux articles du Code de justice militaire que je vous indiquais tout à l'heure; et, quand nous arrivons à l'article qui correspond à notre art. 238, c'est-à-dire à la désertion « à l'ennemi, » les mots « rebelles armés » sont également absents.

Ce n'est donc pas un oubli, ce n'est pas une erreur; c'est avec intention que le législateur a refusé de punir également la désertion « à l'ennemi » et « la désertion aux rebelles. »

Quant à Foucher, dont M. le Commissaire de la République invoque le commentaire, il ne daigne pas même énoncer une raison, un argument à l'appui de sa thèse étrange, insoutenable; je me permettrai donc de lui opposer le commentaire autrement sérieux de Chénier. Vous y pourrez lire, Messieurs, à propos de cette loi de 1793 dont je vous parlerai tout à l'heure, que « jamais le législateur n'a entendu confondre l'*ennemi* avec les *rebelles;* car bien que des rebelles se trouvent en hostilité avec la loi ou le gouvernement de leur pays, ils ne constituent point ce que l'on comprend par le mot *ennemi*, c'est-à-dire troupe étrangère, armée de la puissance avec laquelle on est en guerre. »

Messieurs, je n'aurais plus rien à ajouter, si je ne voulais apporter dans cette question une évidence plus éclatante encore, si c'est possible ; j'irai donc au-delà de ce qu'exige la défense de Rossel, et, non content de vous avoir démontré que la désertion aux rebelles n'a été ni prévue ni punie par l'art. 238, je vous dirai quelles sont, selon moi, les raisons supérieures qui ont déterminé le législateur à ne pas mettre sur le même pied la désertion à l'ennemi et la désertion aux rebelles.

Il faut distinguer avec soin, surtout quand c'est d'un militaire qu'il s'agit, si la faute commise porte simplement atteinte à la morale et ne cause préjudice qu'à l'agent, ou bien si cette faute, au contraire, est susceptible d'entraîner des désordres dans l'armée. Toute l'économie du code de justice militaire repose sur cette distinction. Aussi, chaque fois qu'il s'agira d'un crime ou d'un délit qui n'aura pas pour unique objet l'agent qui l'a commis ; si ce crime ou délit peut avoir pour l'armée des conséquences désastreuses, la peine édictée contre le coupable sera sévère, très sévère ; et, qu'il s'agisse alors d'ennemis ou de rebelles, comme l'intérêt direct de l'armée est en jeu, le salut public exige qu'on mette sur le même pied les rebelles et l'ennemi. C'est pourquoi les articles 208, 211, 212, 213, 218 et 219 punissent de la même peine les crimes par eux prévus, que ces crimes aient été commis *en présence de l'ennemi* ou *en présence des rebelles*. Il s'agit, en effet, dans tous ces articles, d'embauchage de soldats, d'abandon de poste, etc., etc., toutes fautes qui peuvent compromettre le salut d'une armée. Au contraire, quand la faute commise par l'agent ne porte préjudice qu'à la morale et à lui-même, sans risquer d'entraîner la perte immédiate d'une partie de l'armée; quand, en un mot, la faute est personnelle et n'entraîne d'autre perte que celle de l'agent, la peine est moins sévère; et, dans le cas de désertion qui nous occupe, le salut public ne l'exigeant plus, le législateur n'assimile plus comme dans les exemples précédents les rebelles à l'ennemi ; il ne croit plus qu'il soit juste de punir avec la même rigueur le déserteur qui trahit sa patrie et le citoyen égaré qui se mêle à une insurrection politique.

Mais cette preuve devient plus manifeste encore si nous nous reportons à la loi du 12 mai 1793, qui punissait de mort tout militaire qui passait « à l'ennemi *ou* aux rebelles armés. » Cette loi était une loi de circonstance; et, comme toutes les lois de cette nature, elle avait pous objet de parer aux dangers présents. Or, on sait que la guerre de Vendée venait d'éclater. Pour arrêter les défections, le législateur, dans un intérêt de salut public, avait cru devoir assimiler « la désertion aux rebelles » à « la désertion à l'ennemi; » et, dans l'un comme dans l'autre cas, il avait édicté comme sanction la peine de mort. C'est cette loi qui a servi de canevas à la loi de 1857; c'est elle que le législateur avait sous les yeux quand il a confectionné l'art. 238. Si donc il n'a pas reproduit dans cet article les mots « rebelles armés » qui se trouvaient textuellement inscrits dans la loi de 1793, c'est avec intention qu'il les a biffés.

Depuis, en effet, des idées nouvelles n'ont-elles pas surgi ? L'abolition de la peine de mort en matière politique qui existait de fait depuis 1830, n'a-t-elle pas été solennellement proclamée par la constitution de 1848? Or, il ne faut pas confondre une constitution avec un code. Il n'y a qu'une constitution, mais il y a plusieurs codes : Code civil, Code de procédure, Code de commerce, Code pénal ordinaire, Code de justice militaire, Code maritime, Code forestier, etc... Chacun d'eux a pour objet des matières différentes ou des classes distinctes de citoyens. La constitution, au contraire, elle est une ; elle embrasse l'universalité des citoyens ; et, quand elle proclame un principe, ce n'est pas à telle ou telle classe, à telle ou telle catégorie qu'elle entend l'appliquer, c'est à tous ceux qui portent le titre de citoyens français. La constitution est un contrat passé avec tous les citoyens d'un pays et que tous ont le droit d'invoquer. C'est la constitution qui proclame le principe d'égalité ; qui donc oserait avancer qu'une catégorie quelconque de citoyens, civils ou militaires, pourrait être dépouillée de cette garantie constitutionnelle. De même, la Constitution proclame l'abolition de la peine de mort en matière politique ; c'est donc une garantie qui nous protége tous, civils ou militaires, la Constitution n'a pas distingué.

Aussi s'explique-t-on facilement pourquoi le législateur de 1857 a rayé dans l'art. 238 les mots « rebelles armés » qui se trouvaient dans la loi de 1793 ; les maintenir, c'eût été rétablir pour une catégorie de citoyens, *les militaires*, la peine de mort en matière politique.

Enfin, messieurs, rapprochez cette date, 1857, de celle du 2 décembre 1851, et vous comprendrez alors que le législateur ait éprouvé quelque embarras à punir de la peine de mort les soldats, voir même les officiers qui prendraient parti dans une insurrection contre le gouvernement de l'Assemblée nationale.

Il est donc certain, messieurs, que l'art. 238 ne prévoit que la désertion « à l'ennemi ». Il est évident, désormais, que le fait par un militaire de passer aux rebelles, constitue à sa charge le crime d'insurrection prévu par les art. 91 et suivants du Code pénal ordinaire, et que vous ne pouvez pas, sous prétexte que vous trouvez la loi trop clémente (il s'agit pourtant de la détention perpétuelle !), sortir du rôle qui vous est imparti et faire la loi quand vous devez seulement l'appliquer.

Mais, comme je le vous disais en commençant, messieurs, je suis persuadé que vous serez heureux de trouver dans la loi elle-même un auxiliaire à vos sentiments intimes pour vous aider à sauver celui que vous n'avez jamais considéré comme un mauvais citoyen.

J'ai fini, messieurs ; à vous de décider. Je ne veux pas faire appel à votre pitié, mais seulement à votre justice. Je ne vous parlerai donc pas de ce malheureux père, vieux soldat qui, pendant plus de vingt années, a servi la France avec amour. Il porte sur sa poitrine les marques de l'honneur et de la bravoure. C'est lui qui a su inculquer à son fils ce patriotisme ardent qui devait le conduire un jour jusqu'à la folie. Je ne vous parlerai pas de sa mère, qui attend avec une entière quiétude le jugement que vous allez rendre, parce qu'elle connaît la pureté de cœur de son enfant.

Je veux seulement vous lire, avant de terminer, la lettre adressée au général Vergne par tous les officiers qui ont servi sous les ordres du colonel Rossel au camp de Nevers.

A Monsieur le général de division commandant le camp de Nevers.

Monsieur le général,

Veuillez permettre à des hommes qui, trois mois, ont fait partie de vos troupes sous les ordres immédiats du colonel Rossel, de s'associer à la généreuse démarche que vous tentez en sa faveur, en apportant le témoignage de l'estime et de la sympathie qu'ils gardent à leur ancien chef.

Ayant vécu dans l'intimité de notre colonel, nous l'avons vu à l'œuvre difficile de l'organisation de troupes nouvelles, où l'instruction même des officiers était tout entière à faire ; nous avons pu apprécier sa science, son intelligence, son ardent patriotisme, son entier dévouement à la défense nationale. Nous l'avons vu se consacrer complétement à cette tâche, et garder, jusqu'au dernier jour, le désir et l'espoir de poursuivre la lutte contre des ennemis qu'il avait appris à haïr en les voyant de près.

Aussi, lorsqu'au lendemain de la conclusion de la paix, le colonel Rossel s'est jeté dans un mouvement révolutionnaire, nous n'avons pas douté un instant des sentiments qui l'y poussaient ; nous avons senti qu'il allait y chercher, y susciter, s'il était possible, des adversaires à la Prusse. Aujourd'hui, que l'événement a si cruellement démenti ses espérances, il est de notre devoir d'affirmer la conviction qui résultait pour nous à cette époque, non-seulement de tous les actes du colonel Rossel, mais encore de cette connaissance de la vie intime et des paroles de chaque jour où les sentiments se révèlent sûrement.

Nous avons l'honneur en conséquence, Monsieur le général, de vous envoyer cette sincère appréciation, en vous priant d'en faire pour le bien de notre colonel l'usage que vous jugerez convenable.

   Veuillez agréer, etc.

Mais écoutez surtout cette pétition qui vous est adressée par les habitants notables de Metz ; écoutez-la, messieurs, avec tout le recueillement que nous devons accorder à ceux qu'hier encore nous appelions nos frères.

Nous demandons grâce pour Rossel. C'est de Metz que part cet appel à la miséricorde, parce que Rossel était dans cette malheureuse ville pendant qu'elle était investie par l'ennemi, et qu'il n'y a laissé que de bons souvenirs.

Très jeune au début d'une carrière qui devait être brillante, Rossel n'est personnellement connu que d'un petit nombre. La notoriété plus générale qui vient de s'attacher à son nom l'associe malheureusement à l'image saisissante des crimes et des désastres effroyables dont nous gémissons tous, et dont Rossel partage devant l'opinion la responsabilité, encore bien qu'il se soit retiré avant l'heure funeste de leur accomplissement.

A Metz nous avons vu et nous nous rappelons le jeune officier, sérieux jusqu'à l'austérité, studieux et réfléchi ; observateur attentif, chercheur infatigable ; préoccupé surtout, à ce moment, de ce qui pouvait procurer le salut, dans une situation dont il avait entrevu avec sagacité et signalé les périls et l'issue probable dès l'origine ; obstinément attaché à l'étude des problèmes redoutables qui se posaient devant lui, et, plus tard, quand tout sembla perdu, résolûment dévoué à l'accomplissement de l'acte désespéré qui, dans le désastre final, pouvait encore sauver au moins l'honneur militaire. Nous invoquons ici le témoignage du général Clinchant, celui du général Boissonnet, celui de tous les braves qui, au dernier moment, voulaient encore, en perçant les lignes ennemies, prévenir à tout prix par une action vigoureuse les humiliantes amertumes de la capitulation. Rossel était avec eux parmi les plus déterminés. Ils ne l'ont pas oublié. Nous en appelons à leur souvenir. Nous invoquons le souvenir aussi de ceux qui antérieurement ont pu connaître un mémoire qui est entre nos mains, dans lequel le capitaine Rossel, à la date du 26 septembre, discutait la possibilité, exposait les moyens de tirer l'armée de la position difficile où elle se trouvait et d'obtenir même des succès qui auraient pu ramener à nous la fortune.

De la part d'un officier subalterne, on ne voudra peut-être considérer ce travail, jugé remarquable par des hommes compétents, que comme un exercice et une étude. Encore faut-il reconnaître l'effort sérieux d'un homme attaché à ses devoirs de profession, et inspiré par un sentiment réfléchi et sincère de patriotisme. Nous, Messins, nous y voyons une tentative pour la délivrance de notre malheureuse ville.

Toujours Français, sur ce lambeau de terre arraché au sol de la patrie, nous tendons les mains, du fond de l'abîme, vers ceux qui ont eu le bonheur d'y échapper, et nous demandons grâce, c'est une dette que nous acquittons, en faveur d'un des hommes qui ont fait effort pour nous sauver nous-mêmes.

Metz, juin 1871.

(Suivent les signatures.)

Vous entendrez, messieurs, ce suprême appel, car il vous est adressé par ceux que votre courage n'a pu sauver. Vous ne repousserez pas la main qui vous est tendue par-dessus cette frontière nouvelle que nos cœurs ne peuvent reconnaître, et vous n'oublierez pas surtout que c'est pour avoir voulu trop tôt la renverser que Rossel s'est perdu.

M. LE PRÉSIDENT. — Accusé Rossel, avez-vous quelque chose à ajouter pour votre défense.

ROSSEL. — Un seul mot. Si par malheur pour moi mes convictions ont été trop rigides, trop entières, mes sentiments n'en ont pas été moins amers et moins cruels en me séparant de cette armée dans laquelle j'étais né et où j'avais passé toute ma vie. Encore aujourd'hui, si j'éprouve un sentiment pénible, c'est de ne plus trouver que des juges dans cette armée dont j'ai pu maudire les désastres, mais que j'ai toujours aimée, que j'aime encore, où j'avais toujours vécu jusqu'au jour fatal où j'ai été amené à me séparer d'elle.

Le Président prononce la clôture des débats, et le Conseil se retire à 5 h. 10 m. dans la salle des délibérations.

A 5 h. 45 m. le Conseil rentre en séance. Le président lit le jugement, qui est affirmatif à l'unanimité sur tous les chefs. En conséquence, le Conseil condamne Rossel à la peine de mort et à la dégradation militaire.

Le colonel donne ordre que la sentence soit lue au condamné devant la garde assemblée.

Mᶜ ALBERT JOLY dépose des conclusions par lesquelles il demande acte 1° de ce qu'il n'a pas été statué sur les conclusions présentées par la défense; 2° de ce que la circonstance aggravante de *séquestration pendant plus d'un mois* a été introduite sans que la défense en ait été prévenue.

Le président donne acte à la défense des vices de forme signalés.

Le verdict a produit sur l'assistance une impression douloureuse. La séance est levée à 6 h. 10 m. et la foule se retire.

Quelques instants après, Rossel apprend à son tour, devant la garde assemblée, la condamnation qui le frappe; sa fermeté ne se dément pas. Il salue le commissaire du gouvernement qui l'avertit qu'il a vingt-quatre heures pour se pourvoir en révision.